BEI GRIN MACHT SICH IHR WISSEN BEZAHLT

- Wir veröffentlichen Ihre Hausarbeit,
  Bachelor- und Masterarbeit

- Ihr eigenes eBook und Buch -
  weltweit in allen wichtigen Shops

- Verdienen Sie an jedem Verkauf

Jetzt bei www.GRIN.com hochladen
und kostenlos publizieren

GRIN

Sebastian Reinhard

Die Würde des Menschen auf dem Prüfstand

Folter - ein Lob dem Preis?

GRIN Verlag

Bibliografische Information der Deutschen Nationalbibliothek:

Die Deutsche Bibliothek verzeichnet diese Publikation in der Deutschen National-
bibliografie; detaillierte bibliografische Daten sind im Internet über http://dnb.d-
nb.de/ abrufbar.

Impressum:

Copyright © 2009 GRIN Verlag GmbH
Druck und Bindung: Books on Demand GmbH, Norderstedt Germany
ISBN: 978-3-640-32179-7

Dieses Buch bei GRIN:

http://www.grin.com/de/e-book/126502/die-wuerde-des-menschen-auf-dem-
pruefstand

GRIN - Your knowledge has value

Der GRIN Verlag publiziert seit 1998 wissenschaftliche Arbeiten von Studenten, Hochschullehrern und anderen Akademikern als eBook und gedrucktes Buch. Die Verlagswebsite www.grin.com ist die ideale Plattform zur Veröffentlichung von Hausarbeiten, Abschlussarbeiten, wissenschaftlichen Aufsätzen, Dissertationen und Fachbüchern.

Besuchen Sie uns im Internet:

http://www.grin.com/

http://www.facebook.com/grincom

http://www.twitter.com/grin_com

Universität Siegen

ISPA SS08

Die Würde des Menschen auf dem Prüfstand Folter – ein Lob dem Preis?

Hausarbeit

Seminar: „Warum sollen wir moralisch Handeln?" WS 06/07

Sebastian Reinhard

Gliederung

1. Einführung in die Thematik

Als im Mai 2004 die ersten Bilder von misshandelten Gefangenen in dem vom US Militär genutzten Gefängnis Abu Ghraib publiziert wurden, sah sich die Öffentlichkeit wieder einmal mit der Frage konfrontiert, ob die Verwendung eines Begriffes wie dem des „Sauberen Kriegs" passend sei.

Die Entrüstung über die scheinbar aus Langeweile und Vergnügen entstandenen Aufnahmen gedemütigter Menschen könnte jedoch in Anbetracht der Existenz des Gefangenenlagers Guantánamo Bay seltsam anmuten. Dort wurden 2002 über 1000 Gefangene inhaftiert, ohne in einem rechtstaatlichen Prozess dazu verurteilt worden zu sein. Absehend von Selbstmordversuchen und Schilderungen von Hungerstreiks aufgrund menschenunwürdiger Haftbedingungen oder der Tatsache, dass auch Minderjährige unter diesen Umständen inhaftiert sind, müssen vor allem folgende Schilderungen Interesse an den Auslösern des Abu Ghraib Skandals wecken:

„Der Begriff der »militärischen Notwendigkeit« wurde herangezogen, um den »besonderen Vernehmungsplan« zu rechtfertigen, den US-Verteidigungsminister Donald Rumsfeld zur Anwendung auf den Guantánamo-Häftling Mohamed al-Qahtani genehmigte. Dieser sollte über nachrichtendienstlich wertvolle Informationen verfügen, galt jedoch gegenüber üblichen Verhörmethoden der US-Armee als resistent. Mohamed al-Qahtani wurde Ende 2002/Anfang 2003 drei Monate lang in extremer Isolation gefangen gehalten. Mehrfach wurde er dazu gezwungen, Frauenunterwäsche zu tragen, und an einer Hundeleine durch den Raum geführt, wobei er eine Reihe von Hundekunststücken vollführen musste. Außerdem wurde er dazu gezwungen, mit einem männlichen Ermittler zu tanzen, während er auf dem Kopf ein Handtuch »wie eine Burka« tragen musste. Während der Verhöre wurden ihm Kopf- und Barthaare abrasiert; auch Entkleiden und Leibesvisitationen in Anwesenheit von weiblichen Ermittlerinnen gehörten zu den angewandten Methoden, wie auch sexuelle Erniedrigung, kulturell unangemessener Einsatz weiblicher Ermittlerinnen und Beleidigungen sexueller Natur gegen weibliche Familienmitglieder al-Qahtanis. Zudem wurden ihm Kapuzen über den Kopf gestülpt; er wurde lauter Musik sowie »weißem Lärm« (undefinierbaren lauten Geräuschen), ebenso wie extremer Hitze und Kälte ausgesetzt. Schlafentzug gehörte ebenfalls zu den angewandten Methoden; er musste über lange Zeiträume stehen und war gezwungen, in seine Wäsche zu urinieren, wenn die Ermittler ihn nicht zur Toilette gehen ließen. Mohamed al-Qahtani wurde an 48 von 54 aufeinander folgenden Tagen 18 bis 20 Stunden am Tag verhört. Während der Befragung soll man ihn einer Scheinverschleppung unterzogen haben. Dabei wurden ihm Beruhigungsmittel gespritzt und eine Brille mit abgedunkelten Gläsern aufgesetzt; dann wurde er in einem Flugzeug aus Guantánamo ausgeflogen. Eine Militäruntersuchung ergab, dass die Behandlung von Mohamed al-Qahtani zwar insgesamt »erniedrigend und missbräuchlich« war, aber »nicht das Niveau der verbotenen unmenschlichen Behandlung erreicht« habe. Dies sollte stets berücksichtigt werden, wenn ein Behördenvertreter äußert, dass Gefangene in US-Gewahrsam in Guantánamo human behandelt würden – die Vorstellung dieser Behördenvertreter von einer humanen Behandlung deckt sich offensichtlich nicht mit internationalen Standards."[1]

Es erscheint fragwürdig, warum die Darstellungen misshandelter Gefangener in Abu Ghraib in den USA selbst heftige Kritik auslösen, wenn dem gegenüber die oben geschilderten Verhörmethoden vergleichsweise wenig nationale Beachtung finden.

---

[1] Amnesty International 2007, S.02/07

Der Unterschied zwischen diesen Fällen, welcher auch für die (ausbleibenden) Reaktionen der Öffentlichkeit oder der US Regierung verantwortlich ist, könnte in einer entstandenen Rechtmäßigkeit der Vorgänge von Guantánamo gesehen werden. Die beschriebenen Verhörmethoden dienten dort nicht dem Zeitvertreib oder dem Lustgewinn, sondern dem Schutz des Staates.

Somit wird deutlich, dass sich die Qualität der Reaktion auf den Skandal um Abu Ghraib in den USA tendenziell von jener in Deutschland unterschied. Gilt hierzulande jegliche Form der Folter als verfassungswidrig, so wird dieser Standpunkt in den USA unter dem entstandenen Druck des 11.September nun weitaus „differenzierter" behandelt. Auch wenn diese Entwicklung aus deutscher Sicht im ersten Moment in weiter Ferne erscheint, so ist sie doch bei der Betrachtung aktueller Debatten präsenter als zunächst gedacht:

> „Schon 1976 hatte der Christdemokrat Ernst Albrecht, zeitweise Chef aller Bahlsen-Kekse und Ministerpräsident Niedersachsens, in seinem Buch »Der Staat – Idee und Wirklichkeit« es für denkbar gehalten, daß in einigen Situationen die Anwendung von Folter sittlich geboten wäre. Das Echo seinerzeit bewirkte, daß Albrecht die Passage, nachdem er sie in einem Rundfunkinterview noch einmal bekräftigt hatte, »in aller Form« zurücknahm."[2]

Diesem Eindruck nach stießen Überlegungen zu einer Folterlegititmation noch in den 70er Jahren auf ausschließlich heftige Kritik. Wertet man dieses Beispiel als Zeitzeugnis und stellt es der Debatte gegenüber, welche den Strafprozess des stellvertretenden Polizeipräsidenten Frankfurts, Wolfgang Daschner[3], von 2001 begleitete, so wird deutlich, dass ebenso wie in den USA auch in der BRD ein Prozess in Gang gekommen sein könnte, in welchem das Überdenken alter Ansichten zum Umgang mit der Folterthematik gesellschaftsfähig würde. Im Gegensatz zum erstgenannten Beispiel vermochte die Diskussion um die Rechtmäßigkeit von Daschners Handeln über ein Jahr lang (bis zum erfolgten Urteil) die Meinungen zu polarisieren.

Diese Arbeit möchte daher den Fragen nachgehen, inwieweit Folter mit dem Grundgesetz vereinbar ist und ob Folter ungeachtet des Grundgesetztes der BRD sinnvoll oder gar nötig sein kann, um die Interessen eines Staates zu vertreten.

Als bedeutsam wird hierfür auch die gesellschaftliche Haltung gegenüber Folter gesehen. Ausgehend von der Annahme, die öffentliche Resonanz auf bestimmte Fälle (welche die Folter betrafen) könne als Indikator einer gesamtgesellschaftlichen Haltung zu diesem Thema fungieren und einen möglichen Wandel erkennbar werden lassen, wird eine Gegenüberstel-

---

[2] junge Welt, 21. Dezember 2004
[3] Daschner drohte einem mutmaßlichen Geißelnehmer Folter an (siehe auch 4.2)

lung zweier exemplarischer Fällen und der durch sie angestoßenen Debatten erfolgen. Nicht zuletzt soll dies jedoch auch eine Konkretisierung des Forschungsgegenstandes ermöglichen.

2. Begriffsdefinitionen

Um eine mögliche Diskrepanz in der Vereinbarkeit zwischen Folter und Menschenwürde zu erörtern, ist es zunächst nötig, diese Begriffe ausreichend bestimmt zu haben.

2.1 Würde

Da sich diese Arbeit vor allem rechtsethischen Fragestellungen widmet und die Komplexität des Begriffes bekannt ist, soll hier nur in aller Kürze auf den Menschenwürdebegriff nach Kant eingegangen werden, da dieser mit seiner Definition der Menschenwürde die Grundlage für die den Art.1 GG begründende Philosophie schuf.

Der Begriff der Würde wird seit der Aufklärung als ein abstrakter sittlicher, moralischer Wert verstanden, welcher im Wesentlichen auf die beiden Ebenen der Qualität des Handelns und eine dem Mensch immanente Eigenheit zurückgeführt werden kann.
Im Grundgesetz wird die erste Ebene, die Qualität des Handelns, als Gestaltungsauftrag verstanden, welcher durch die Gesellschaft und deren Mitglieder zu verwirklichen ist.
Laut Kant besitzt der Mensch aufgrund seiner Autonomie Würde. Autonom (im Sinne einer Selbstgesetzgebung[4]) ist der Mensch qua der Fähigkeit, unabhängig von seinem Bildungs- oder sonstigen Stand zu wissen, was richtig oder falsch ist und nach diesem Wissen zu handeln.
Die Würde des Menschen ist nach Kant von jedweden Eigenschaften (z.B. charakterlichen oder intellektuellen), Fähigkeiten oder sonstigen äußeren Merkmalen wie z.B. der sozialen Stellung unabhängig und stets gegeben. Kant begründet das universelle Besitzen einer unabwägbaren Würde mittels einer Repräsentation der Menschheit durch den einzelnen Menschen selbst. Dieser Umstand verpflichtet jedoch nicht nur die Gesellschaft zu einem würdevollen Umgang unter ihren Mitgliedern, sondern verpflichtet auch jeden Menschen selbst zur Bewahrung der ihm innewohnenden Würde.[5]

„Die Pflicht gegen sich selbst besteht darin, dass der Mensch die Würde der Menschheit in seiner Person bewahre."[6]

---

[4] Harmann 2005, S.5
[5] vgl. Wikipedia, Eintrag „Würde"
[6] Eisler 1930, Eintrag „Würde"

Die Pflicht zur Bewahrung der eigenen Würde impliziert im Umkehrschluss auch die Möglichkeit einer Veräußerung oder des Verlusts derselben.

Allerdings besteht zwar die Pflicht zur Bewahrung der eigenen und in jedem Menschen begründeten Würde, doch ist sie dennoch nicht veräußerbar, weil alles, was einen Preis besitzt, durch sein ihm im Preis äquivalentes Gegenstück ersetzbar ist. Die Würde des Menschen ist jedoch durch ihre Eigenschaft, einzig Zweck an sich selbst zu sein, über jeden Preis erhaben. Sie hat somit keinen relativen Wert bzw. Preis, sondern erschafft sich selbst als Wert.[7]

2.2 Folter

Die Schwierigkeit einer Definition wird unter anderem bei dem Versuch deutlich, den Begriff der Folter gegenüber anderen Begriffen wie Misshandlung, Missbrauch oder Erniedrigung abzugrenzen.

Anstatt einer Herleitung des Begriffs sei hier nur auf folgendes Beispiel hingewiesen um die Problematik der Begriffsbestimmung zu verdeutlichen:

Selbst innerhalb der heute sehr bedeutenden 1961 gegründeten Menschenrechtsorganisation Amnesty International (AI) dauerten die Bemühungen, eine passende Definition zu finden, bis 1984 an. Dabei einigte sich AI 1984 jedoch nicht auf eine der bis dahin unzähligen selbst erarbeiteten Definitionen, sondern übernahm Art.1 der Folterverbotskonvention der Vereinten Nationen (angenommen durch die Resolution der Generalversammlung der Vereinten Nationen vom 10. Dezember 1984, in Kraft getreten 1987):[8]

„Art.1
1. Im Sinne dieses Übereinkommens bezeichnet der Ausdruck «Folter» jede Handlung, durch die einer Person vorsätzlich große körperliche oder seelische Schmerzen oder Leiden zugefügt werden, zum Beispiel um von ihr oder einem Dritten eine Aussage oder ein Geständnis zu erlangen, um sie für eine tatsächlich oder mutmaßlich von ihr oder einem Dritten begangene Tat zu bestrafen, um sie oder einen Dritten einzuschüchtern oder zu nötigen oder aus einem anderen, auf irgendeiner Art von Diskriminierung beruhenden Grund, wenn diese Schmerzen oder Leiden von einem Angehörigen des öffentlichen Dienstes oder einer anderen in amtlicher Eigenschaft handelnden Person, auf deren Veranlassung oder mit deren ausdrücklichem oder stillschweigendem Einverständnis verursacht werden. Der Ausdruck umfasst nicht Schmerzen oder Leiden, die sich lediglich aus gesetzlich zulässigen Sanktionen ergeben, dazu gehören oder damit verbunden sind."[9]

Über die Tatsachen hinaus, dass die Folterverbotskonvention momentan in 145 Staaten zumindest de jure Gültigkeit besitzt, kann behauptet werden, das die in ihr enthaltene Definition auch im wissenschaftlichen Diskurs häufig Anwendung findet.[10]

---

[7] ebd.

[8] Devries 1998, S.xxx ff
[9] vgl. Gollwitzer 2005, S.72
[10] vgl. beispielhaft Beestermöller&Brunkhorst 2006

3. Beispielfälle

Wie bereits in der Einleitung gezeigt, hat in den USA möglicherweise ein Wandel im Umgang mit dem (u.a. 1984 ratifizierten) Folterverbot stattgefunden.

Um darzulegen, dass in Deutschland zumindest die Tabuisierung der Äußerung von Überlegungen zur Folterlegalisierung und möglicherweise auch der allgemeine Umgang mit der Thematik im Wandel ist, sollen nun zwei Fälle dargestellt werden, in welchen sich die deutsche Gesellschaft mit Situationen, in denen Folter oder zumindest folterähnliche Handlungen angewendet wurden, gegenübersah. Entscheidendes Merkmal zur Auswahl der Fälle waren die unterschiedlichen Rollenzuschreibungen, die den (potentiellen) Folterern im öffentlichen Diskurs zukamen. Im Falle des Konfliktes zwischen RAF und BRD konnte die Rolle des Folterers dem Staat an sich zugeschrieben werden, dieser Fall kann also, im weitesten Sinne, als Pendant zu Guantánamo genutzt werden, denn sowohl „die BRD" in den 1970er Jahren, als auch „die USA" in der Gegenwart handeln so, wie sie handeln, weil sie jeweils auf eine existentielle, im Sinne von den Staat selbst bedrohende „Situation" reagieren. Dagegen soll der Fall um den Polizeivizepräsidenten Daschner als Gegenstück zu Abu Ghraib dienen: In diesen beiden Fällen fällt es nämlich strukturell leichter, die jeweiligen Folterer als „Einzelpersonen" bzw. als Individuen, letztlich als eigenverantwortliche Subjekte, zu verhandeln. Es liegt auf der Hand, dass diese Klassifizierung alles andere als unproblematisch ist, gleichwohl soll zunächst eine genauere Betrachtung der beiden „deutschen Fälle" folgen, um erst anschließend (Kap. 5) in der Retrospektive die Klassifizierung und die hieraus erwachsenden Möglichkeiten (und Grenzen) der Vergleichbarkeit der Fälle erneut und fundierter zu diskutieren.

3.1 Der Konflikt zwischen RAF und BRD

Mit dem finalen Ziel, eine kommunistische Gesellschaftsordnung zu schaffen, betrieb die ca. 1970 aus einem radikalen Flügel der linken Protestbewegung entstandene RAF nach südamerikanischem Guerilla-Kriegsvorbild einen militärischen Kampf aus dem Untergrund, um die BRD, welche von ihr als „faschistischer Unrechtsstaat" empfunden wurde, abzulösen und an ihrer Stelle eine kommunistische Gesellschaftsordnung zu etablieren.[11]

Nach der als Gründungszeitpunkt geltenden Befreiung des inhaftierten Andreas Baaders während eines begleiteten Ausganges am 14.Mai 1970 umfasste der „harte Kern" der RAF 4 Personen. Nachdem sie sich kurz nach der Befreiung Baaders im Nahen Osten für 2 Monate von Einheiten der palästinensischen Befreiungsorganisation El Fatah militärisch hatten ausbilden lassen, begannen sie mit dem Aufbau einer Organisation und Logistik im Untergrund durch

---

[11] siehe Rote Armee Fraktion 1972; vgl. auch Bahn 2003 S.12 – 22

Banküberfälle, Einbrüche in Rathäuser sowie Diebstähle. Auf (relativ) kleine Bombenanschläge welche nach vorheriger Warnung erfolgten und somit lediglich Materialschaden verursachten, reagierten die staatlichen Behörden mit intensiven und bis dahin in der BRD beispiellosen Polizeikontrollen. Am 15. Juli 1971 wurde bei einer dieser Kontrollen das RAF Mitglied Petra Schelm nach einem Schusswechsel mit der Polizei getötet. Als Reaktion auf Schelms Tod verübte ein RAF Kommando („Kommando Petra Schelm") den bis dato schwersten Bombenanschlag. Bei diesem Anschlag auf das Hauptquartier des V. Corps der US-amerikanischen Streitkräfte in Frankfurt am Main kam ein Mensch zu Tode, dreizehn weitere wurden verletzt.[12]

Das Beispiel des Falles von Petra Schelm kann als exemplarisch für die Wechselwirkung im Konflikt zwischen RAF und BRD gesehen werden. Im weiteren Verlauf folgte eine stete Radikalisierung beider Parteien, welche schließlich im „Deutschen Herbst" in den Entführungen Hans Martin Schleyers und des Lufthansapassagierflugzeuges „Landshut" 1977 gipfelte. Als Reaktion auf die zunehmende Bedrohung der staatlichen Ordnung durch die RAF verabschiedete der Gesetzgeber bis 1978 mehrere „Anti-Terror-Gesetze" worunter z.b. der 1974 verabschiedete Paragraph §138a StPO fällt, welcher den Ausschluss eines Rechtsanwaltes aus einem Verfahren erlaubt, wenn dieser unter dem Verdacht steht, kriminelle Handlungen des Mandanten zu unterstützen. Bedingt durch verschiedene Faktoren spaltete sich die RAF in verschiedene Aktionsströmungen auf. Eine von ihnen hatte sich zur Aufgabe gemacht, in Haft befindliche RAF Mitglieder durch Geiselnahmen frei zu pressen. Nicht zuletzt sollten diese auch befreit werden, um sie aus den äußerst strengen Haftbedingungen zu retten.[13]

3.2 Der Frankfurter Entführungsfall 2001

Am 27.September 2002 tötete der 27 Jahre alte Jurastudent Magnus Gäfgen den 11-jährigen Jakob von Metzler durch Ersticken, nachdem er ihn in seine Wohnung gelockt hatte. Mit seinem Auto, in dessen Kofferraum er die Leiche des Jungen transportierte, fuhr er zunächst zur Villa der Metzlers, warf dort einen Erpresserbrief in die Einfahrt und fuhr weiter zu einem See bei Schlüchtern wo er die Leiche unterhalb eines Stegs versteckte.

Zwei Tage später gelang es der Polizei ohne Kenntnisnahme von Gäfgen, diesen ab der erfolgten Übergabe des im Erpresserbrief geforderten Lösungsgeldes zu verfolgen und ihn tags darauf, am Nachmittag des 30.September, in der Tiefgarage des Frankfurter Flughafens in Begleitung seiner Freundin festzunehmen. Den ganzen nächsten Tag über wurde Gäfgen verhört, wobei er die Beamten durch Falschaussagen immer wieder auf falsche Fährten führte.

---

[12] vgl. wikipedia.org/wiki/Petra_Schelm
[13] vgl. Peters 1991

So erfand er Komplizen und nannte verschiedene Orte an denen der vermeintlich noch lebende Junge gefangen sei. In der Hoffnung seine eigene Freilassung bezwecken zu können bestärkte er die Beamten in ihrer Hoffnung, das Leben des Kindes noch retten zu können. Dieser Annahme folgend und durch das Gefühl des Zeitdrucks, welches in der Gefahr des Verdurstens oder Erstickens des Kindes (in seinem möglicherweise luftdichten Versteck) gesehen wurde, ließ der stellvertretende Polizeidirektor Wolfgang Daschner dem Jurastudenten am frühen Morgen des 2.Oktober durch Hauptkommissar Ortwin Ennigkeit das Zufügen erheblicher Schmerzen androhen, sollte dieser nicht sofort den Aufenthaltsort des Jungen nennen.14 Eingeschüchtert durch die Androhung nannte Gäfgen das Versteck der Leiche von Jakob, welche daraufhin am genannten See gefunden wurde.15

Durch eine schriftliche Notiz der Androhung von Folter im Verhörprotokoll, welche der Staatsanwaltschaft zugespielt wurde, begann diese, erste Ermittlungen gegen Daschner einzuleiten. Das am 18. November 2004 eröffnete Verfahren wegen schwerer Nötigung gegen Daschner und den ausführenden Vernehmungsbeamten dauerte bis zum 20. Dezember 2004 an und endete durch einen Schuldspruch mit der mildesten Sanktion des StGB, der Verwarnung mit Strafvorbehalt.16

Das große Interesse der Öffentlichkeit sowie verschiedener Disziplinen der Fachwelt äußerte sich dabei u.a. in einer engmaschigen Berichterstattung der Medien, welche den Prozess von Beginn an begleitete.

4. Fallanalysen unter dem Gesichtspunkt der Folter

Nach der erfolgten Darstellung der Rahmenbedingungen, in denen sich Folter oder zumindest, im Falle des Deutschen Herbstes, folterähnliche Vorfälle ereigneten, soll nun im Folgenden speziell auf diese konkreten Vorfälle eingegangen werden. Dabei sei darauf hingewiesen, dass sich während des Konfliktes zwischen BRD und RAF möglicherweise weit mehr folterähnliche Szenarien entwickelten, als allein die scharfen Sonderhaftbedingungen für RAF Mitglieder. Um jedoch die anschließende Gegenüberstellung der gesellschaftlichen Reaktionen auf beide Fälle möglich zu machen, erscheint die Auswahl nötig, da der Darstellung eines gesellschaftlichen Meinungsbildes allein auf folterähnliche Geschehnisse im Generellen verschiedene Hindernisse entgegenstehen.17

---

[14] spiegel.de/panorama/0,1518,329131,00.html
[15] Frankfurter Allgemeine Zeitung 2003; Nr. 173 / Seite 7
[16] stop-torture.de/strafanzeige-staatsanwalt.html
[17] auf genannte Hindernisse wird, wie bereits erwähnt, unter 5.1 eingegangen

4.1 Sonderhaftbedingungen für RAF- Gefangene im Deutschen Herbst

1. Strenge Einzelhaft,
2. Fesselung der Hände auf dem Rücken, wenn sich Margrit Schiller außerhalb der Zelle aufhält,
3. Fesselung auch während der Bewegungsstunde,
4. Dauerbeleuchtung in der Zelle bei Tag und Nacht,
5. Entzug aller Einrichtungsgegenstände,
6. Anstaltskleidung statt privater Kleidung,
7. am Abend Entzug auch der Anstaltskleidung.[18]

Diese und/oder ähnliche Maßnahmen wurden bereits 1971 für RAF-Angehörige (in diesem Fall für das mutmaßliche RAF Mitglied Margrit Schiller), unter Verweis auf § 119 der Strafprozessordnung und dem darin enthaltenen Ausdruck einer „Angemessenheit" der Haftbedingungen, bestimmt. Ab 1972 erfolgte die Errichtung spezieller Zellenblöcke, welche von den Gefangenen als „toter Trakt" bezeichnet wurden. Als Folge ihrer reizarmen Gestaltungen (z.b. einheitliche Farbe aller Wände und des Mobiliars, Dauerbeleuchtung durch Neonlicht, akustische Abschottung der Zelle) kam es bei den Gefangenen zu Desintegration und (teilweise extremer) Desorientierung. Beispielhaft hierfür ist der Prozessabbruch im Falle von Astrid Proll: Aufgrund von sozialer Deprivation als (von gutachtenden Ärzten attestierter) Folge einer von Oktober 1970 bis Mitte 1974 andauernden absoluten Einzelhaft musste der Prozess gegen sie unterbrochen werden. Eine erstatte Anzeige von Schillers Anwältin wegen Menschenrechtsverletzungen durch die oben aufgeführten Maßnahmen wurde abgelehnt.

Im Rahmen ihrer Möglichkeiten versuchten auch die RAF-Gefangenen ihrerseits gegen die drastischen Haftbedingungen zu handeln. Sie taten dies durch kollektive Hungerstreiks mit Hilfe dessen sie die Anerkennung als Kriegsgefangene und somit eine Behandlung gemäß der Genfer Konvention erreichen wollten. Mittels Zwangsernährung sowie der Verweigerung von Trinkwasser versuchte die Gefängnisleitung wiederum diese Aktionen zu unterbinden. 1974, im Zuge des dritten, insgesamt 145 Tage andauernden, Hungerstreiks starb Holger Meins schließlich an den Folgen des Fastens sowie an inneren Verletzungen, welche von den qualvollen Prozeduren der Zwangsernährungen herrührten.

4.1.1 Rechtfertigungen der Sonderhaftbedingungen

Die „Angemessenheit" der Haftbedingungen wurde vor allem durch den Versuch begründet, eine Kommunikation innerhalb des Netzwerkes unmöglich zu machen. Das 1976 verabschiedete Kontaktsperrgesetz geht sogar soweit, bestimmten Inhaftierten den Kontakt zu ihrem

---

[18] Bahn 2003, S.95

Rechtsanwalt zu verweigern, wenn diese Maßnahme geboten erscheint (z.B. während der Schleyer-Entführung 1977).

Ein Auszug aus der Urteilsbegründung des BGH für die oben erwähnte und abgelehnte Strafanzeige von Margrit Schillers Anwältin gegen die von ihr als Menschenrechtsverletzungen erkannten Haftbedingungen lautete folgendermaßen:

„...die Haftbedingungen in ihrem Ausmaß und ihrer Dauer [ist] den Behörden erst durch das Verhalten der Angeklagten aufgezwungen worden"[19]

Zumindest dem Inhalt des Arguments kann insofern zugestimmt werden, als die RAF – Häftlinge in der Herstellung oder dem Erhalt einer Kommunikationsstruktur überaus erfinderisch waren. So reagierte die Gefängnisleitung beispielsweise mit dem Verbot eines UKW-Teils in Radios auf den Ausbau und die Umfunktionierung dieser als Gegensprechanlage.[20] Die bereits genannten Hungerstreiks verfolgten möglicherweise nicht ausschließlich das von den Häftlingen propagierte Ziel der Verbesserung der Haftbedingungen, sondern können auch unter dem nach wie vor bestehenden Ziel der Demaskierung der Regierung als faschistisches Regime verstanden werden. Belegt werden kann dies anhand eines Zitats von Gudrun Ensslin:

„Der Kampf geht weiter. Wenn man uns auch die Knarren aus der Hand genommen hat, so ist uns doch unser Körper geblieben."[21]

Den Beschwerden über ihre Haftbedingungen (in welchen sie folterähnliche Zustände sahen) von Andreas Baader, Gudrun Ensslin und Jan Carl Raspe bei der Europäischen Kommission für Menschenrechte wurde von dieser abgelehnt. Die Haftbedingungen seien nötig um eine Bewaffnung der Häftlinge durch Freunde zu verhindern. Vorrangig habe sich die Unterbringung den Sicherheitserfordernissen angepasst. Die Überprüfung vor Ort durch Vertreter der Kommission kam zu dem Schluss, es bestünde bei den Haftbedingungen keine Gefahr der Sinnesisolation.

4.1.2 Kritik an Sonderhaftbedingungen

Wenn auch vorrangig das Argument der Kommunikationsverhinderung als Begründung für Sonderhaftbedingungen herangezogen wurde, so ist dennoch offensichtlich, dass die Möglichkeit, eine Verbesserung der Unterbringung durch Kooperation mit den Behörden zu erhalten, einen erheblichen und sicherlich nicht unerwünschten Druck auf die Häftlinge ausüben

---

[19] BGH Urteil vom 22.10.1975 lt. Hansen zitiert nach Jander 2008, S.148
[20] Bahn 2003, S.96
[21] Gudrun Ensslin, lt. Zahl, zitiert nach Jander 2008, S. 154

sollte. Diesen Umstand beachtend, erscheint die Anwendung der Sonderhaftbedingungen im Falle von Frau Schiller (oben aufgeführtes Beispiel) umso kritischer, als es sich bei ihr im Moment der Unterbringung in der beschriebenen Isolationshaft lediglich um ein mutmaßliches RAF-Mitglied handelte.

Als Reaktion auf den Tod von Holger Meins und eine in dessen Folge irritierte Öffentlichkeit wurden durch das Stuttgarter Oberlandgericht unabhängige Fachärzte mit der Feststellung des Gesundheitszustandes der Häftlinge beauftragt.

Das Ergebnis lautete: untergewichtig und reduzierter körperlicher Allgemein- zustand. Von Patient zu Patient unterschiedlich stark ausgeprägte Koordinations- und Orientierungsstörungen, Vergesslichkeit, Konzentrations-mangel, Schwindelgefühl, Wahrnehmungseinengung, gesteigerte Müdigkeit und herabgesetzte Leistungsfähigkeit. Die Verhandlungsfähigkeit sei „beschränkt" und die Personen seien unbedingt behandlungsbedürftig.[22]

Nachdem die Beschwerde über die Sonderhaftbedingungen bei der Europäischen Kommission für Menschenrechte scheiterte, versuchten Sympathisanten der RAF, den UNO-Menschenrechtsausschuss zu einer Intervention in der BRD zu bewegen.

Zwar mischten sich zu den von den Anklägern vorgelegten Beweisen viele unwahre Behauptungen, doch sind vor allem die Fragen bezüglich der Dauer der Einzelhaft für dieses Verfahren interessant: Vor dem UNO-Menschenrechtsausschuss im April 1986 sagten Vertreter der BRD fälschlicherweise aus, es habe keinen Fall gegeben, in welchem die Einzelhaft länger als drei Monate gedauert habe. Zwar wurde diese unwahre Behauptung bei einer erneuten Anhörung im März 1990 nicht bekräftigt, jedoch wurden Fragen des Ausschusses bezüglich der Dauer der Einzelhaft durch Vertreter der BRD erneut bewusst ausweichend beantwortet.[23]

Wie unter dem Abschnitt Folter bereits erwähnt, fällt es schwer, den Begriff der Folter sauber von jenen der Misshandlung, des Missbrauchs oder der Erniedrigung zu trennen. Zumindest können die angewendeten Methoden einem Zitat des Altbundeskanzlers Schmidt zugerechnet werden, welcher 1978 rückblickend auf den RAF Terror bemerkte, dass der von der RAF verursachte Terror den Staat:

> „...bis an die Grenzen dessen, was im demokratischen Rechtsstaat gerade noch möglich ist brachte."[24]

---

[22] Jander 2008, S.149
[23] „ebd., S.152
[24] zitiert nach Bahn 2003, S.65

4.1.3 Gesellschaftliche Reaktionen

Den Konflikt zwischen RAF und BRD begleitete von vornherein auch eine große Aufmerksamkeit durch die Medien. Zwischenzeitlich verschwand dabei die Distanz der Medien zu den berichteten Ereignissen wie es z.b. beim Attentat auf den bekannten Wortführer der Studentenbewegung Rudi Dutschke der Fall war. Für dieses wurde u.a. die Tageszeitung „National-Zeitung" verantwortlich gemacht, da diese die Schlagzeile „Stoppt den roten Rudi jetzt" trug und der Attentäter eben jenen Artikel bei sich trug. Ebenso kann davon ausgegangen werden, dass der Springer-Verlag durch bestimmte Aussagen (z.b. „Man darf auch nicht die ganze Dreckarbeit der Polizei und ihren Wasserwerfern überlassen"[25]) einen nicht geringen Einfluss auf die allgemeine Meinung ausübte. Als grundsätzliche und gesicherte Werkzeuge, um Rückschlüsse auf ein gesellschaftliches Meinungsbild zu ermöglichen, können jedoch zwei Umfragen betrachtet werden:

1971 bestätigten in einer durch das Allensbacher Meinungsforschungsinstitut durchgeführten Umfrage 25% der unter 30 Jährigen „gewisse Sympathien" für die Rote Armee Fraktion zu verspüren. Demgegenüber stimmten 1977 (im Kontext der Schleyer- Entführung) 53% aller durch Infratest Befragten der Aussage zu: „Solche Anschläge können jeden von uns treffen; davor habe ich persönlich Angst".

Der Versuch, ein spezielles Stimmungsbild der Gesellschaft bezüglich der staatlichen Reaktionen mittels Sonderhaftbedingungen nachzuzeichnen, gestaltet sich jedoch aus verschiedenen Gründen schwierig. Die Thematik der Sonderhaftbedingungen müsste einerseits eingebettet in den Kontext gesamtgesellschaftlicher Bewegungen betrachtet, jedoch abgelöst von diesen beurteilt werden. Nicht nur, dass zu dieser Fragestellung bisher kaum Forschung betrieben wurde, überdies würde eine detaillierte Darstellung den Umfang dieser Arbeit über die Maßen strapazieren. Wie sich aber später zeigen wird, ist die ausführliche Bearbeitung dieser weitreichenden Thematik für die Beantwortung der angestrebten Fragen nur von nachrangiger Bedeutung. Stattdessen kann auch mit einer Gegenüberstellung der gesellschaftlichen Resonanzen zielführend gearbeitet werden.

4.2 Frankfurter Folterandrohung 2001

Abzielend auf eine Diskussion über die Vereinbarkeit zwischen Folter und Verfassung erscheint es zweckdienlich, den Fall der Frankfurter Folterandrohung (im Folgenden als Daschnerfall bezeichnet) näher zu betrachten. Im Unterschied zum Konflikt zwischen RAF

---

[25]zeit.de/ 1968/18/Kunst-des-Zitierens

und BRD stehen im genannten Fall bedeutend weniger Faktoren einer objektiven Betrachtung grundlegender Überlegungen zum Folterverbot bzw. einer Legalisierung der Folter entgegen. Die Darstellung erhebt dabei aber keinen Anspruch auf Vollständigkeit der Schilderungen beider Plädoyers, sondern möchte lediglich die diskussions-dienlichen Grundaussagen derselben wiedergegeben.

4.2.1 Plädoyer der Verteidigung

Eckhart Hild, Verteidiger des wegen Verleitung zu schwerer Nötigung angeklagten stellvertretenden Polizeipräsidenten Wolfgang Daschner, rechtfertigte das Handeln seines Mandaten auf mehreren Wegen. Er gab als Rechtfertigungsgründe das polizeiliche Mittel des unmittelbaren Zwangs sowie das Handeln in Notwehr an und führte weiterhin aus, Daschner habe sich einer unlösbaren Pflichtkollision gegenübergesehen.

Das polizeiliche Mittel des unmittelbaren Zwangs erlaubt „die Einwirkung auf Personen oder Sachen durch körperliche Gewalt, durch ihre Hilfsmittel und durch Waffen". Die Nutzung dieses Mittels bedingt zwar einer (expliziten) gesetzlichen Ermächtigungsgrundlage, welche für die Androhung von Folter nicht gegeben ist, doch gemessen an der bestehenden Regelung des Schusswaffengebrauchs sah Daschner sein Handeln als gerechtfertigt an. Schließlich sei sogar ein Todesschuss, in bestimmten Fällen der unmittelbaren Lebensgefahr geboten, sofern, wie es hier der Fall zu sein schien, ein Leben bedroht bzw. gerettet werden könnte. Weiterhin, so argumentierte sein Verteidiger, habe Daschner in Notwehr gehandelt und berief sich damit auf das StGB wonach „Verteidigung, die erforderlich ist, um einen gegenwärtigen rechtswidrigen Angriff von sich oder einem anderen abzuwenden" als Notwehr bezeichnet wird. In Anbetracht der Situation und der Kenntnislage, habe er zur Rettung des vermeintlich noch lebenden Kindes nicht anders handeln können, selbst im Bewusstsein, die Androhung, könne möglicherweise ohne gesetzliche Grundlage erfolgen. Die so beschriebene Situation stellte Hild dabei dem Begriff der „unlösbaren Pflichtkollision" gleich.

In der Summe der angeführten Punkte sah der Verteidiger nicht nur eine rechtfertigungswürdige Grundlage für die erfolgte Drohung gegenüber Gäfgen, sondern er machte auch deutlich, sein Mandant habe keine Alternative zu seinem Handeln gesehen.

Folgerichtig kam es zu keinem Schuldeingeständnis Seitens Herrn Daschners und somit auch zum Antrag auf Freispruch von Seiten seines Verteidigers.[26]

---

[26] vgl. FAZ.net 2004 (vollständiger Link siehe Anhang)

4.2.2 Plädoyer der Staatsanwaltschaft

Die Angeklagten beriefen sich in ihrer Verteidigung darauf, ihr Handeln sei durch das hessische Polizeirecht gedeckt. Genauer, durch dort aufgeführte „polizeiliche Mittel des unmittelbaren Zwangs".

Dem entgegnete die Staatsanwaltschaft, dass dieses Mittel zwar existiere, jedoch von ihm nur in einer vom Gesetzgeber normierten Situation Gebrauch gemacht werden dürfe. So tauge der finale Rettungsschuss nicht als Vergleich, da er nur in vom Gesetzgeber genau bestimmten Situationen angewendet werden dürfe.

Die Verteidigung führte zum Argument des unmittelbaren Zwangs weiter aus, dass dieses Mittel laut hessischem Polizeirecht ohnehin explizit verboten, sei um eine Erklärung zu erwirken (§52 HSGO II „Unmittelbarer Zwang zur Abgabe einer Erklärung ist ausgeschlossen."[27]). In diesem Zusammenhang verwies Staatsanwalt Möllers aber darauf, den Angeklagten nicht der Folter zu bezichtigten.

In „außerordentlicher, unvorhersehbaren Lage" und bei einer Gefahr für höchste Rechtsgüter sei zwar ein Handeln für Staatsorgane im Sinne des von der Verteidigung zitierten Notwehrgesetzes (welches eigentlich nur im Zivilrecht Anwendung findet) möglich, so Möllers, doch sei Daschners Verhalten dennoch nicht geboten gewesen da dieses die Verletzung des Verfassungshöchstwertes nach sich zog. Die zu schützende Würde Gäfgens sei durch die Androhung der Folter verletzt worden. Auch wenn die Formulierung der Notwehr („Verteidigung, die erforderlich ist, um einen gegenwärtigen rechtswidrigen Angriff von sich oder einem anderen abzuwenden") darauf nicht hinweise, so sei auch Daschner klar gewesen, dass, wie es im Folgenden der Fall war, die Würde des Menschen keinesfalls verletzt werden dürfe. Zwar gebe es auch in der Rechtswissenschaft vermehrt Stimmen, welche die Menschenwürdegarantie des Grundgesetzes anders bewerten würden, er jedoch, so betonte Möllers, wolle sich an das geltende Recht halten.

Auf eine „unlösbare Pflichtkollision" könne sich Daschner ebenfalls nicht berufen, da es sehr wohl weitere Handlungsmöglichkeiten als die von ihm Beschriebene gegeben habe.
Eine Entführung sei keine singuläre Situation, der Staat habe durchaus entsprechende Möglichkeiten, um in einer solchen Situation angemessen zu handeln. Daschner habe beispielsweise die Möglichkeit einer Konfrontation Gäfgens mit der Schwester des vermeintlich noch lebenden Jungen unter der Aufsicht eines erfahrenen Polizeipsychologen gehabt. Schließlich

---

[27] hessenrecht.hessen.de/gesetze/31_oeffentliche_sicherheit/310-63-hsog/paragraphen/para52.htm

habe der anwesende Polizeiführer und Kriminaloberrat Stefan Müller, wie auch der genannte Polizeipsychologe vom Gebrauch einer Folterandrohung abgeraten.[28]

Das vorgesehene Strafmaß für die von der Staatsanwaltschaft beschriebene Tat Daschners (Verleitung eines Unterstellung zur schweren Nötigung gem. § 240 Abs. 3 Nr. 3 StGB) bewegt sich zwischen 6 Monaten und 5 Jahren Freiheitsstrafe. Beantragt wurde jedoch eine Verwarnung mit Strafvorbehalt verbunden mit der Auflage einen Geldbetrag in Höhe von 10.000€ (für Daschner) und 5.000€ (für Ennigkeit) zu zahlen (gemäß § 59 I StGB i.v.m. § 59a II S.2 Nr.3 StGB).

Diese Beträge seien auf jeden Fall zu zahlen. Sollte gegen innerhalb der Bewährungsdauer von einem Jahr von einem der Angeklagten nochmals gegen Recht verstoßen werden so solle Daschner 27.000 und Ennigkeit 14.400 Euro Geldstrafe zahlen. Gründe für die Forderung nach der geforderten Strafe sah die Staatsanwaltschaft in massiven Milderungsumständen begründet. So sei der Angeklagte Daschner ein „untadeliger, gewissenhafter Beamter" welcher aus „ehrenhaften Motiven" heraus gehandelt habe. Herr Daschner sei durch das Verfahren (und im Falle einer Bestrafung daneben mit dessen Kosten) und der öffentlichen Diskussion eigentlich bereits genug gestraft. Hinzu komme dass der Angeklagte sein Verhalten bereue, auch wenn dies „nicht deutlich rübergekommen" sei.[29]

4.2.3 Urteilsbegründung

Die von der 27. großen Strafkammer durch Richterin Stock verhängte Strafe in Form einer Verwarnung mit Strafvorbehalt, stellt die mildeste Sanktion dar, welche im Strafgesetzbuch aufgeführt wird. Richterin Stock folgte damit weitestgehend dem Antrag der Staatsanwaltschaft, lediglich in der Höhe der Geldstrafe wich die Richterin zu Gunsten der Angeklagten von den Forderungen der Staatsanwaltschaft ab. Wolfgang Daschner müsse nur im Falle eines erneuten Rechtsverstoßes innerhalb eines Jahres eine Geldstrafe in Höhe von 10.800€ zahlen. Die Höhe der ebenfalls zur Bewährung ausgesetzten Geldstrafe für den Mitangeklagten Hauptkommissar Ortwin Ennigkeit wurde auf 3.600 Euro festgelegt.

Das Gericht lies keinen Zweifel an der Schuld Daschners. Durch sein Handeln habe er sich der Verleitung eines Untergebenen zur schweren Nötigung schuldig gemacht.

---

[28] www.spiegel.de/panorama/0,1518,329131,00.html
[29] stop-torture.de/strafanzeige-staatsanwalt.html

Daschner habe sich an der „Grenze der Belastbarkeit" befunden auch, oder gerade weil er als Stellvertreter des im Urlaub befindlichen Polizeipräsidenten unter hohem Erfolgsdruck gestanden habe. Zudem verdiene er Respekt dafür, seine Anordnung schriftlich festgehalten zu haben.

All dies seien letztlich jedoch nur Erwägungen zu Strafmessung, da das Androhen von Schmerzen weder vom Polizeirecht gedeckt sei, noch andere Rechtfertigungs- oder Entschuldigungsgründe bestünden, um das Verhalten Daschners rechtfertigen zu können. Gäfgen habe zwar, im polizeirechtlichen Sinne, als „Störer" die Pflicht zur Auskunft gehabt, hätte zu dieser Auskunft jedoch nicht genötigt werden dürfen. Gerade in Bezug auf einen Beschuldigten verweise das hessische Polizeirecht explizit auf die Freiheit der „Willensentschließung" oder Willensbetätigung" welche weder durch Misshandlung oder „körperlichen Eingriff" beeinträchtigt werden dürfe. Auch wenn ein Recht auf Nothilfe bestehe, so sei die Androhung von Schmerzen nicht darunter zu fassen, da eine solche Androhung ein Verstoß gegen die Menschenwürde sei.

Nicht zuletzt dürfe die Würde des Menschen gerade im Dienste der Gerechtigkeit nicht angetastet werden. Alles andere wäre ein Tabubruch. Richterin Stock stellte an dieser Stelle einen Bezug zu den RAF-Terroristen her:

Die Entführung Hans-Martin Schleyers habe zum Ziel gehabt den Rechtsstaat aus den Angeln zu heben. Würde Daschner für sein Handeln ungestraft bleiben, so sei Gäfgen, wenn auch vielleicht unbeabsichtigt, gelungen, wonach die RAF gestrebt habe.

4.2.4 Gesellschaftliche Reaktionen

Der Diskurs, welcher den Prozess von Wolfgang Daschner begleitete, wurde in allen Medien und alle Gesellschaftsschichten durchdringend geführt. Den Diskurs in allen Ebenen und Formen zu skizzieren wäre aus verschiedenen Gründen nicht zweckdienlich: Erstens würde eine umfangreiche Darstellung die Kapazität dieser Arbeit vermutlich überstrapazieren, Zweitens würde beobachtet werden, dass die genutzten Argumente beider „Parteien" (Pro-Folter/Contra-Folter) zwar unterschiedlich dargestellt werden, letztlich jedoch immer wieder auf die gleichen Argumente in gleicher bis leicht abgewandelter Form zurück gegriffen wird.

Aus dieser Beobachtung resultierend wird im Folgenden versucht, einen Überblick über die häufigsten und zugleich bemerkenswertesten Argumentationen, welche in der Diskussion innerhalb der Medien genutzt wurden, zu schaffen.

Schon in der Anklageschrift der Staatsanwaltschaft wurde Wolfgang Daschners Handeln nicht als Anstiftung zur Folter, sondern als Anstiftung zur schweren Nötigung definiert. Durch eine Verurteilung im Sinne der Anklage folgte das Gericht dieser Einschätzung. Ungeachtet dessen wurde in der folgenden Diskussion zumeist von Folter gesprochen, lediglich auf Seiten der Befürworter von Daschners Handeln wurde vereinzelt darauf hingewiesen und damit argumentiert, dass es sich nicht um Folter sondern nur um die Androhung derer und somit nicht um Folter selbst gehandelt habe. Demgegenüber gab es von Seiten der Foltergegner keinen Zweifel an der Einschätzung, dass das Androhen von Folter nicht von der Tat selbst zu trennen wäre, sondern lediglich den Beginn von Folter darstelle.

Nach einer durch das ZDF durchgeführten Studie waren 68% der Deutschen für einen Freispruch Daschners. 26% der Befragten waren der Meinung Wolfgang Daschner sei zu verurteilen.[30] Über die Argumente, welche zur jeweiligen Meinungsbildung beitrugen, können letztlich zwar nur Vermutungen angestellt werden, doch kann anhand einer überwältigenden Mehrheit von Forumseinträgen im Internet behauptet werden, dass ein wesentliches Kernargument wahrscheinlich darin bestand, den Wert eines Kindeslebens höher einzustufen als den eines (mutmaßlichen) Geiselnehmers. Als exemplarische Beispiele dieser Argumentation können folgende Kommentare betrachtet werden, ersteres aus einer Forumsdiskussion:

"Ich kann es nicht glauben, dass Herr Daschner für seine Folterandrohung gegen den Entführer des Jakob M. angeklagt wird! Zum Zeitpunkt der Folterandrohung ging die Polizei davon aus, dass der Junge noch am Leben war. Da sich der Entführer weigerte Auskünfte zu erteilen, wurde ihm Folter angedroht.[…] In was für einer verkommenen Gesellschaft leben wir, wenn diesem Mann jetzt ein Prozess gemacht wird ???? Dieser Mann gehört für seine Zivilcourage ausgezeichnet!!!!!!!!"[31]

Diese Art der Argumentation fand jedoch nicht ausschließlich in Foren statt, wie folgender Auszug eines Kommentars aus „Die Welt" verdeutlichen kann:

„Von nun an dürfen Eltern nicht mehr sicher sein, daß die Staatsgewalt das Äußerste unternimmt, um ein Kind, das Opfer eines widerwärtigen Verbrechens geworden ist, zu retten. Die Polizei weiß, daß es sich auszahlen könnte, auch noch im Falle eines übergesetzlichen Notstandes Dienst nach Vorschrift zu machen und möglichst wenig zu riskieren.[…] Ein Sieg des Rechtsstaates, werden die einen sagen; Niederlage der Gerechtigkeit, die anderen."[32]

Ein weiteres Beispiel welches sich auf dasselbe Argument stüzt, ist ein Zitat des Vorsitzenden des Deutschen Richterbundes, Geert Mackenroth:

„Es sind Fälle vorstellbar, in denen auch Folter oder ihre Androhung erlaubt sein können, nämlich dann, wenn dadurch ein Rechtsgut verletzt wird, um ein höherwertiges Rechtsgut zu retten […] Wenn es bei einer Folterdro-

---

[30] presseportal.de/meldung/629742/ (die Umfrage wurde vor der Urteilsverkündung durchgeführt)
[31] forum.tagesschau.de/archive/index.php/t-1262.thml
[32] Die Welt, 21.12.2004 Kommentar von Konrad Adam
abrufbar unter: uni-kassel.de/fb5/frieden/themen/Menschenrechte/folter-daschner.html

hung bleibt und tatsächlich nicht gefoltert wird, kann man es sich umso eher vorstellen, dass dies in besonderen Situationen zulässig ist." [33]

Als direkte Reaktionen auf Mackenroths Kommentar folgten verschiedene Proteste unter anderem auch aus Reihen der Politik, so forderte beispielsweise die Fraktion Bündnis90 Die Grünen Mackenroth zum Rücktritt auf. [34] Als einer von wenigen bemühte sich Christian Pfeiffer (Leiter des Kriminologischen Forschungsinstituts Niedersachsen e.V.) eines internationalen Vergleichs um seine Meinung zu begründen. Im Interview mit dem ZDF sagte er:

„Wir zeigen mit dem Finger auf Länder, die in die EU wollen, wo angeblich noch gefoltert wird - und dann machen wir das selber, das kann doch nicht ernsthaft sein." [35]

Weitere Reaktionen, welche sich gegen die Abwägung des Rechtsguts der Menschenwürde aussprachen, verwiesen auf den historischen Ursprung der Unabwägbarkeit aus den Lehren der deutschen Geschichte. Der Grundsatz der Unantastbarkeit der Würde des Menschen müsse demzufolge als eine Notwendigkeit verstanden werden, um Verhältnisse, wie sie im Nationalsozialismus herrschten, zu verhindern. [36]

Prof. Dr.Volker Erb, Dozent des Straf- und Strafprozessrechts an der Universität Mainz bediente sich in seinem Essay, welches in der „Zeit" erschien, ebenfalls des Argumentes, es ginge im entsprechenden Fall um eine Abwägung der Wertigkeit zweier Rechtsgüter. Jedoch rechtfertigte er seine Forderung nach einem Freispruch Daschners damit, es habe sich bei Daschners Handeln um „Nothilfe" gehandelt. Dieser Begriff, welcher sich aus einer Notwehrhandlung gemäß §32 StGB herleitet, bildet beispielsweise die Grundlage für den „Finalen Rettungsschuss" und beinhaltet fünf Hauptmerkmale welche erfüllt sein müssen:

1. Notwehrlage
    1. notwehrfähiges Rechtsgut
    2. Angriff auf das Rechtsgut
    3. Gegenwärtigkeit des Angriffs
    4. Rechtswidrigkeit des Angriffs
2. Notwehrhandlung
3. Geeignetheit/Erforderlichkeit der Notwehrhandlung
4. Gebotenheit der Notwehrhandlung
5. Verteidigungswille [37]

Gemäß § 32 StGB ist eine in Notwehr begangene Tat nicht rechtswidrig und damit auch nicht strafbar.

---

[33] berlinonline.de 2003 („Neue Welt, alte Methoden") (vollständiger Link siehe Anhang)
[34] welt.de 2003 („Zypries: Kein Rütteln am Folterverbot") (vollständiger Link s.A.)
[35] FAZ.net 2004 („Menschlich verständlich – rechtlich unzulässig") (vollständiger Link s.A.)
[36] vgl. z.B. Frankfurter Rundschau, 21. Dezember 2004 Kommentar von Karin Ceballos Betancur abrufbar unter: uni-kassel.de/fb5/frieden/themen/Menschenrechte/folter-daschner.html
[37] lexexakt.de/glossar/notwehr.php

Nach Prof. Dr. Erbs Einschätzung erfüllte Daschners Handeln diese Tatbestände, womit Daschner nicht verurteilt werden dürfte. Aufbauend auf seiner Argumentation ergab sich für den Staat, in diesem Fall vertreten durch Herrn Daschner, sogar die Pflicht zur erfolgten Androhung. Andernfalls gebe sich der Staat nicht nur in die Rolle des Hilfe- Verweigerers, sondern angesichts eines auf die Tatenlosigkeit des Staates bauenden Geißelnehmers sogar strukturell in die Rolle eines Mordgehilfen. Erb mahnte in seinem Essay auch Vertreter von Menschenrechtsorganisationen an, ihre Haltung gegenüber Daschner zu überdenken:

„[…]Indem man dem Volk, das eine Bestrafung von Wolfgang Daschner Umfragen zufolge mit Mehrheit ablehnt, eben dies als zwingende juristische Wahrheit verkauft, müssen die Bürger den Eindruck gewinnen, unser Recht (einschließlich des Folterverbots – das sollte vor allem die Vertreter von Menschenrechtsorganisationen veranlassen, ihren Ruf nach einer Bestrafung Daschners gründlich zu überdenken) sei in seiner Starrheit und Unflexibilität etwas ganz Furchtbares. In einer ohnehin durch verbreitete Staatsverdrossenheit geprägten Zeit könnten Ansehen und Akzeptanz unserer Rechtsordnung in der Bevölkerung hierdurch Schaden erleiden.[…]"[38]

Insbesondere letztgenannte Aufforderung Erbs stieß auf scharfe Kritik, da sie implizit eine Berufung auf ein „gesundes Volksempfinden" (die NS-ideologische Interpretation des gesunden Menschenverstandes) enthalten würde.

[…]Also Demoskopie statt juristische Wahrheit, vulgo: Volksempfinden statt Recht.[39]

Mittels der Darstellung dieses Kritikschemas wurde in mehreren Reaktionen auf Erbs Essay versucht, die Einschätzung Erbs, Daschner habe in Nothilfe gehandelt, zu diffamieren.

Eine taugliche Entkräftigung mittels differenzierter ethischer oder rechtlicher Argumentation war in der unmittelbaren Diskussion nicht auszumachen. Diese Bewertung Daschners Handeln wird jedoch unter Kap. 6.1 (Nutzbarkeit der Folter im Rahmen des Rechtsstaates) nochmals diskutiert werden.

Die Reaktionen auf das erfolgte Urteil signalisierten weitestgehend eine zustimmende Haltung, vereinzelte KommentatorInnen, welche das Urteil scharf kritisierten, fanden sich vor allem auf Seiten der Foltergegner.

Hier wurde statt dessen argumentiert, das Urteil sichere keineswegs die Grenzen des Rechtsstaates, im Gegenteil sogar: Durch die Geldstrafe in Höhe von 10.800 € habe die Würde des Menschen nun einen Preis bekommen. Karin Ceballos Betancur skizzierte, diesen Umstand nutzend, in einem Kommentar der Frankfurter Rundschau, folgendes Szenario:

---

[38] zeit.de/2004/51/Essay_Daschner
[39] junge Welt 2004 abrufbar unter:
uni-kassel.de/fb5frieden/themen/Menschenrechte/folter-daschner2.thml

„Durch die Auferlegung einer Geldstrafe wird die Grenze des Rechtsstaates nun käuflich. Eltern die dem vermeintlichen Entführer ihres Kindes Folter androhen lassen möchten haben an den zuständigen Beamten lediglich die auf ihn zukommende Geldstrafe zu entrichten. Wehe dem Beamten der diese „Entschädigung" nicht annehmen möchte: Ist ihm das Leben eines Kindes etwa das Geld nicht wert?"[40]

Anzumerken ist, dass in keinem Artikel oder Kommentar, welcher sich gegen Folter aussprach, Herr Daschner selbst besonders stark kritisiert wurde. Allen folterkritischen Beiträgen ist gemein, dass sie die moralisch zutiefst beklemmende Situation anerkennen, doch aus dieser Not heraus keine Legitimation zur Folter ableiten. Dieser Rückschluss wird am deutlichsten mit dem Titel eines einschlägigen FAZ Artikels unterstrichen: „Menschlich verständlich – rechtlich unzulässig."[41]

5. Vergleichbarkeit der gesellschaftlichen Resonanzen

5.1 Vergleichbarkeit der gesellschaftlichen Resonanzen

Ein Vergleich der beiden Beispielfälle ist, wie sich zeigt, nur begrenzt möglich. Im Falle der RAF handelte es sich um einen gezielten Angriff auf den Staat und das ihm zu Grunde liegende System. Die provozierten Reaktionen der BRD sollten diese als das faschistische System entlarven, als welches es von der RAF wahrgenommen wurde. Zwar kann dem Kindesmörder Gäfgen unterstellt werden, während des Versuches, seine Freilassung zu erpressen, auf die Grenzen des Rechtsstaates spekuliert zu haben, doch bezweckte er damit, wie seine Reaktion zeigte, offensichtlich keine Folterandrohung gegen ihn und somit auch keine Verletzung des geltenden Rechts durch ein Staatsorgan. Zudem unterscheiden sich die beiden Fälle deutlich in ihrer Komplexität. Veranlasst durch den Terror der RAF sah sich die BRD dazu genötigt, Gesetze zu verabschieden, welche jeden Bürger betrafen. Zudem wurden unzählige Polizeikontrollen in bis dato beispiellosen Ausmaßen in ganz Deutschland durchgeführt und Teile der Gesellschaft als tendenzielle „Sympathisanten" eines annähernden Generalverdachts bezichtigt.

Kurzum - der Terror der RAF entsprang einer komplexen gesellschaftlichen Entwicklung und beeinflusste neben dem politischen letztlich wiederum auch das gesellschaftliche Klima. Demgegenüber konnte die öffentliche Diskussion im Fall der Frankfurter Folterandrohung daher in einem weitaus objektiveren Rahmen stattfinden. Zu bedenken ist auch, dass die harten Haftbedingungen lediglich einen relativ kleinen Teil der öffentlichen Diskussion der RAF Thematik bestimmten und zu diesem Gegenstand bisher kaum ausreichende Forschungsergebnisse vorhanden sind.

---

[40] vgl. Frankfurter Rundschau, 21. Dezember 2004 abrufbar unter:
uni-kassel.de/fb5/frieden/themen/Menschenrechte/folter-daschner.html
[41] FAZ.net 2004 (vollständiger Link s.A.)

5.2 Analyse der gesellschaftlichen Resonanzen

Wie zu erkennen, findet das Schema der Abwägung zweier unterschiedlicher Größen, welche aus der Würde des Menschen bemessen werden, überaus häufig Anwendung. Dabei kann dieses Schema sowohl in intellektuell „niedrigschwelligen" Diskussionsforen wie auch in vermeintlich anspruchsvollen Kommentaren namhafter Tageszeitungen ausgemacht werden. Die Hartnäckigkeit des Schemas, welches in der dargestellten Debatte im Daschnerfall mehrmalig widerlegt schien, lässt die Frage nach dem Ursprung jener Hartnäckigkeit nötig erscheinen. Als Beispiel hierfür soll zunächst nochmals oben genannter Auszug aus einem Forum dienen:

„In was für einer verkommenen Gesellschaft leben wir, wenn diesem Mann jetzt ein Prozess gemacht wird ????
Dieser Mann gehört für seine Zivilcourage ausgezeichnet!!!!!!!!"[42]

Dieses Beispiel bringt den Irrtum, welcher dem Gedanken einer Abwägbarkeit der Würde durch den Staat zu Grunde liegt, relativ deutlich auf den Punkt:
Da Herr Daschner als Stellvertreter des Staates handelte, also nicht als natürliche Person, kann ihm auch keine Auszeichnung für eine etwaige Zivilcourage zuteil werden. Noch deutlicher wird die folgende These mit Hilfe eines weiteren Beispiels:

„Und komm mir nun nur kein Moralapostel mit den Worten " das geht doch nicht " oder ähnliches. Versetzen sie sich mal in die Lage wenn es ihr Kind wäre und dann mal ganz ehrlich sein. Ein Mensch der einen anderen Menschen das Leben nimmt, ist kein Mensch sondern ein tieränliches Wesen. Was tut man mit einem Hund der einen Menschen tötet?"[43]

Wieder liegt hier der Fall der Abwägung, bzw. in diesem Fall sogar einer vermeintlichen Verwirkung der Würde vor. Darüber hinaus zeigt dieses prototypische Beispiel deutlich, dass der Staat in der Rolle einer natürlichen Person gesehen wird.

Warum der Staat sich aber nicht in die Rolle versetzen sollte, sich „vorzustellen" dass es sich um sein Kind handle, soll im Fazit erörtert werden.

---

[42] forum.tagesschau.de/archive/index.php/t-1262.thml
[43] messages.news.yahoo.com/Nachrichten/Inland/ (vollständiger Link siehe Anhang)

22

6. Zusammenfassung

Diese Arbeit beschäftigt sich letztlich mit der Frage, ob Folter rechtlich und/oder ethisch vertretbar bzw. geboten sein kann, um innerhalb des Rechtsstaates die Interessen der Gesellschaft zu wahren. Wie die analytischen Ansätze unter 5.2 ergeben, entsteht dabei in gesellschaftlichen Diskursen zur Folter stets das Problem, dass der Staat samt seiner Mechanismen nicht als Abstraktum verstanden wird, bzw. diesem irrtümlicherweise häufig die Bedingungen des Handelns einer natürlichen Person zugeschrieben werden. Gemeint mit diesen Bedingungen ist in diesem Fall vor allem das Gebot, seinem Gewissen folgen zu sollen. Dieses Gebot, welches beispielsweise Soldaten erlaubt, einen Befehl, welcher mit ihrem Gewissen unvereinbar ist, zu ignorieren, besteht aus verschiedenen Gründen nicht für den Staat.

Folgendes Zitat Helmut Schmidts (in einem Interview zur Zeit des deutschen Herbstes) kann hierfür als Beispiel dienen:

»Wer den Rechtsstaat zuverlässig schützen will, muss innerlich auch bereit sein, bis an die Grenzen dessen zu gehen, was vom Rechtsstaat erlaubt und geboten ist...«[44]

Die Definition von Menschenwürde ins Gedächtnis rufend, muss demnach hier gefragt werden: Muss der Staat im Umkehrschluss auch an die Grenzen dessen gehen, was vom Gewissen des Einzelnen geboten und erlaubt ist? Im Falle der Folter wäre diese Grenze, ausgehend von 68% Zustimmung[45] für das Handeln Daschners deutlich weiter gefasst, als jene vom Staat gezogene. Warum diese jedoch so beharrlich verteidigt wird, kann nur verstehen, wer die Umstände und Ursprünge des staatlichen Handelns und die sich daraus ergebenden Bedingungen für den Rechtsstaat begreift.

Das beste Beispiel für diese Ansicht lieferte der Polizeiführer und Kriminaloberrat Stefan Müller bei seiner Zeugenaussage. Laut Müller rechtfertigte Daschner seine Aufforderung zur Folter mit den Worten:

„Die Republik würde nicht verstehen, wenn wir weiter warten würden."[46]

Nicht von ungefähr kommt es da, dass Richterin Stock die Verkündung des Prozessurteils mit den Worten begann:

---

[44] zeit.de/2007/38/01-Leiter-1
[45] Siehe S.21: lt. ZDF Umfrage waren 68% aller Deutschen für einen Freispruch Daschners
[46] spiegel.de/panorama/0,1518,329131,00.html

Die Erkenntnis darüber, dass der Staat als Subjekt missverstanden wird, erklärt jedoch noch nicht, weshalb er nicht als Subjekt handeln darf. Ausgehend von dieser Frage soll daher unter 6.1 die Nutzbarkeit der Folter innerhalb der BRD (stellvertretend für den Rechtsstaat) diskutiert werden.

6.1 Nutzbarkeit der Folter innerhalb der BRD

Die Nutzbarkeit der Folter innerhalb der BRD kann aus verschiedenen Perspektiven betrachtet werden. Zunächst soll im Folgenden eine rein juristische Darstellung erfolgen: Erlaubt bestehendes Recht dem Staat zu Foltern? Im Anschluss daran wird auf rechtsethische Fragen eingegangen: wie ist Folter, ungeachtet des bestehenden Rechts, zu beurteilen? Dabei sollen vor allem mögliche Auswirkungen der Folter auf die Gesellschaft beurteilt werden.

In seinem Plädoyer versuchte Frankfurts Polizeivizepräsident Daschner sein Handeln durch das geltende Polizeirecht zu begründen. Zwar erlaube dieses die Folter nicht ausdrücklich, doch das polizeiliche Mittel des unmittelbaren Zwangs[48] sei schließlich auch Rechtfertigungsgrundlage des (in Notwehr begangenen) Finalen Rettungsschusses.

Der Grund für die Ablehnung dieser Argumentation durch das Gericht ist im so genannten Parlamentsvorbehalt begründet: „Kein Eingriff ohne Gesetz. Die Anforderungen an die Klarheit und Bestimmtheit des Gesetztes steigen mit der Intensität des Grundrechtseingriffs, um den es geht"[49] Da die erfolgte Folterandrohung einen enormen Eingriff in die Würde von Magnus Gäfgen bedeutete, ist es demnach nicht rechtens, die Legitimation zur Folter in Gesetze hinein zu interpretieren. Doch selbst durch eine eindeutige vom Parlament geschaffene Gesetzesgrundlage wäre Folter in Deutschland noch nicht anwendbar. Denn dem stünde (in Deutschland) nach wie vor bestehendes überstaatliches Völkerrecht gegenüber wie beispielsweise Art.2 und 5 der Folterverbotskonvention der Vereinten Nationen[50] oder auch Art. 3 der Europäischen Menschenrechtskonvention.[51] Da der Fall von Wolfgang Daschner nicht der Erste und auch nicht der Letzte sein wird, sind die genannten Gesetzestexte des Völkerrechts unmissverständlich formuliert worden. Theoretisch hätte Wolfgang Daschner der Ver-

---

[47] sueddeutsche.de/politik/166/396952/text/
[48] die Einwirkung auf Personen oder Sachen durch körperliche Gewalt, durch ihre Hilfsmittel und durch Waffen
[49] House of Lords 2005 in Rückkehr der Folter, 2006, S.26
[50] Hong 2006, S.26
[51] „ Niemand darf der Folter oder unmenschlicher oder erniedrigender Strafe oder Behandlung unterworfen werden." (EMRK, Art.3) abrufbar unter: uni-potsdam.de/u/mrz/coe/emrk/emrk-de.htm

such einer Interpretation des Rechts somit auch auf der völkerrechtlichen Ebene vermutlich keinen Erfolg beschert.

Soweit die Feststellung, das Folter de jure verboten ist. Über das Warum geben bestehende Gesetze jedoch nur eine unbefriedigende Antwort. Die Unmenschlichkeit der Folter liegt, Art. 2 der Folterverbotskonvention der Vereinten Nationen folgend, in ihrem Verstoß gegen die Menschenwürde und der Verletzung der Menschenrechte und Grundfreiheiten (im Sinne der durch die Uno 1948 verabschiedeten „Erklärung der Allgemeinen Menschenrechte").[52] Rückbesinnend auf den Würdebegriff nach Kant kann mit diesem argumentiert werden, warum die Würde des Menschen gegenüber der Folter, ganz gleich in welcher Situation, „abwägungsfest" sein muss. Was aber passiert, wenn mit dieser Ethik gebrochen wird, ist die grundlegende Frage der Folterdebatte. Eine Begründung für den häufig beschriebenen „Dammbruch" im Falle einer Folterlegitimation bleibt leider allzu häufig aus, womit von der Folterbefürworterseite Argumente angeführt werden können, welche nur scheinbar im Kern der Folterablehnenden Argumentation stechen:

Die Rahmenbedingungen zur Abgabe eines Finalen Rettungsschusses durch einen Polizisten sind genauestens formuliert, wodurch ein Dammbruch (schiesswütig durch die Straßen ziehende Polizisten) bisher verhindert werden konnte. Weshalb sollte also bei der (gesetzlich klar abgegrenzten) Anwendung von Folter ein Dammbruch erfolgen?

Die Frage verkennt dabei die Abstraktheit der durch den Staat ausgeübten Folter, welche als fernwirkende Nothilfe deklariert werden soll - nicht umsonst lautet die Formulierung, welche den Finalen Rettungsschuss legitimiert:

„...wenn er das einzige Mittel zur Abwehr einer *gegenwärtigen* Lebensgefahr oder der *gegenwärtigen* Gefahr einer schwerwiegenden Verletzung der körperlichen Unversehrtheit ist"[53]

Zunächst einmal kann schlicht behauptet werden, dass die Gefahr eines Irrtums durch die Justiz durch die Bedingung der Gegenwärtigkeit deutlich verringert wird. Die Art dieses Irrtums kann dabei verschiedener Natur sein. So kann es z.B. keinerlei Gewissheit über den körperlich, geistigen oder seelischen Zustand der Geisel geben und somit nicht einmal Klarheit darüber, ob die (vermeintliche) Geisel der Folter zu ihrer Rettung überhaupt zustimmt.[54] Damit stößt der Fall von Wolfgang Daschner schon hier an seine rechtsethische Rechtfertigungsgrenze. Überdies muss Daschner zusätzlich noch vorgeworfen werden, durchaus über erfolgs-

---

[52] Stobbe 2006, S.36
[53] wikipedia.org/wiki/Finaler_Rettungsschuss
[54] Pfordten O.J., S.20

versprechende Handlungsalternativen verfügt zu haben, welchen er die (Androhung von) Folter somit ohnehin fälschlicherweise vorzog.[55] Diese Bereitschaft zur Folter, ungeachtet anderer Alternativen, zeigt gleichfalls die erschreckende Kraft, mit der das Wasser gegen den sinnbildlichen Damm zu drücken scheint.

Die Gefahr des Missbrauchs einer Rettungsfolter gegenüber einem Rettungsschuss muss letztlich als überaus hoch eingestuft werden. Schließlich ist von dem vorrangigen Ziel einer professionellen Folter, dem Erhalt bestimmter Informationen, die Erwirkung eines Schweigeversprechens in kaum bestimmbarer Nähe.

Es muss klar sein, dass bereits die (ebenfalls strittige) Möglichkeit zu einem „Finalen Rettungsschuss" keine ausreichende Begründung sein kann, um zu untermauern, dass auf der „abschüssigen Bahn"[56] auf welcher diese Diskussion stattfindet sicherer Halt zu finden wäre. Umgekehrt kann behauptet werde, dass der Schritt auf diese Bahn bereits getan ist, jedoch „glücklicherweise" noch nicht zum Absturz führte.

6.2 Persönliche Meinung

Die Würde des Menschen ist antastbar. Folter tut dies wie kaum eine andere Handlung, doch ist Art.1 des Grundgesetztes schließlich nicht als Feststellung eines etwaigen Naturgesetzes zu Verstehen, sondern als Handlungsmaxime, welche sich aus dem Wissen um die Antastbarkeit ergibt. Wenn auch vieles abwägbar sein mag, so ist es die Würde des Menschen im Sinne des Grundgesetzes der BRD nicht. Dabei muss klar sein: Wer an diesem Grundsatz zu rütteln bzw. zu interpretieren beginnt, legt Hand an die bedeutendste Grundsäule des Rechtsstaates. Doch gesetzt den Fall, man selbst sei in der Lage, ein Leben zu retten indem man einem Dritten „ein wenig Schmerzen" zufügen würde. Würde man auch in diesem Fall das moralische Höchstniveau des Grundgesetzes befolgen können? Ich persönlich gebe zu, sogar an der Stelle von Herrn Daschner womöglich ähnlich gehandelt zu haben, jedoch mit dem, meiner Meinung nach, entscheidenden Unterschied, mir darüber im Klaren zu sein, welche berechtigten rechtsstaatlichen Konsequenzen meinem persönlichen Handeln folgen würden und müssten. Die persönliche Rechtfertigung vor dem eigenen Gewissen mag das Handeln des Folterers zwar nachvollziehbar werden, doch qua dieses Verständnisses ergibt sich hieraus selbstverständlich keine rechtsethische Legitimation und erst recht nicht die Pflicht zur Folter. Im Gegenteil! Hieraus ergibt sich eine Bestätigung des Gedankens eines objektiv und unabhängig von Befangenheit handelnden Rechtssystems.

---

[55] siehe S.17
[56] Stobbe 2006, S.44

Schockierend am Fall der Frankfurter Folterandrohung war letztlich nicht das Handeln von Herrn Daschner, sondern die folgende Irritation durch wenige Aussagen von Vertretern des Staates selbst oder Rechtswissenschaftlern, welche die Absolutheit des Folterverbots hinterfragten. Dieser Minderheit von Aussagen folgte jedoch ein großes Echo an Gegenstimmen, welches in aller Eile entstanden und daher teilweise etwas hysterisch wirkte. Aus der Betrachtung der geführten Debatte geht für mich das Fazit hervor, dass zumindest in Deutschland den Befürwortern von Folter eine vielleicht nicht quantitativ, dafür jedoch qualitativ bedeutende Gruppe gegenübersteht, welche (noch?) keinen Zweifel an der Auslegung und Notwendigkeit des geltenden Rechts zulässt. Ob die Form der zum Daschnerfall erfolgten Debatte Rückschlüsse auf einen möglichen Wandel der Rechtskultur zulässt, bleibt jedoch weiterhin offen. Um eine Vergleichbarkeit der gesellschaftlichen Resonanzen zu ermöglichen, wären hierfür zunächst weitere Forschungen nötig. Grundsätzlich kann aber gesagt werden: Dass die Folterdebatte immer wieder geführt wird, sollte keinen Grund zur Sorge bieten.

Denn diese dient schließlich der Rückbesinnung und der Rückversicherung der geltenden Grundwerte. Hierfür, glaube ich, können die Erkenntnisse, dass die Menschenwürde abwägungsfest ist und warum sie dies auch entgegen subjektivem Rechtsempfinden bleibt, stets einen wichtigen Beitrag zur Diskussion leisten. Der von Mathias Hong[57] angeführten Hauptthese möchte ich mich dabei bedingungslos anschließen: Das geltende Recht wird von der Folterthematik in keinster Weise überrascht, sondern stammt aus einer Zeit, in welcher diese Thematik eine geschichtlich beispiellose Aktualität besaß. Die Frage danach, ob oder inwieweit Folter ein nutzbringendes Instrument sein kann, um die Interessen des Rechtsstaates zu wahren, wird vom Grundgesetz somit nicht zuletzt auch aus einer geschichtlichen Erfahrung heraus so deutlich wie möglich verneint.

---

[57] Hong 2006

Quellenangaben

Literatur

Amnesty International (2007); http://www.amnesty.de/download/Guantanamo_komplett.pdf
besucht am 1.2.09

Bahn, Christoph (2003): Gewalt und Gegengewalt im „Deutschen Herbst" 1977.
Eine Untersuchung der staatlichen Reaktionen auf den Terrorismus in der Bundesrepublik
Deutschland. Diplomarbeit, Freie Universität Wien.
(abrufbar unter http://www.rafinfo.de/archiv/referate.php)

Beestermöller, Gerhard & Brunkhorst, Hauke (2006): Rückkehr der Folter – Der Rechtsstaat
im Zwielicht? München, Beck Verlag

Butz, Peters (1991): RAF Terrorismus in Deutschland. Stuttgart, Deutsche Verlagsanstalt

Devries , Uta (1998): Amnesty International gegen Folter – eine Bilanz. Frankfurt a.M., Peter
Lang.

Eisler, Rudolf (1930): Kant-Lexikon: Nachschlagewerk zu Kants sämtlichen Schriften, Brie-
fen und handschriftlichem Nachlass / bearb. von Rudolf Eisler, Berlin, Mittler-Verlag.

Frankfurter Allgemeine Zeitung, 29.07.2003, Nr. 173 / Seite 7

Gollwitzer, Walter (2005): Menschenrechte im Strafverfahren: MRK und Ipbpr: Kommentar,
  Berlin, de Gruyter Recht.

Harmann, Beatrice C. (2005): Kants Autonomiebegriff, in: Stahl, Thomas (Hrsg.) (2005):
tiuz.de, Jena; http://www.tiuz.de/media/kant-autonomie.pdf (abgerufen am 1.2.2009)

Hong, Mathias (2006): Das grundgesetzliche Folterverbot und der Menschenwürdegehalt der
Grundrechte - eine verfassungsjuristische Betrachtung, in: Beestermöller, Gerhard & Brunk-
horst, Hauke (2006): Rückkehr der Folter – Der Rechtsstaat im Zwielicht? München, Beck
Verlag, S.24-35.

Horn, Michael (1982): Sozialpsychologie des Terrorismus. Frankfurt/New York, Campus
Verlag.

Jander, Martin (2008): Isolation oder Isolationsfolter. Die Auseinandersetzung um die
Haftbedingungen der RAF-Häftlinge, in: Umlauf, Joachim u.a. (Hrsg.) (2008): Der »Deutsche Herbst« und die RAF in Politik, Medien und Kunst. Bielefeld, Transcript Verlag, S.141-
155.

junge Welt, 21. Dezember 2004, zitiert nach:
http://www.uni-kassel.de/fb5/frieden/themen/Menschenrechte/folter-daschner2.html
besucht am 10.07.08

Pfordten, Dietmar von der (o.J.): Ist staatliche Folter als fernwirkende Nothilfe ethisch erlaubt?, online unter: http://www.rechtsphilosophie.uni-goettingen.de/IstStaatlicheFolterAlsFernwirkendeNothilfeEthischErlaubt.pdf (19.11.2008)

Rote Armee Fraktion (1972): Stadtguerilla und Klassenkampf; online unter http://www.nadir.org/nadir/archiv/PolitischeStroemungen/Stadtguerilla+RAF/RAF/brd+raf/006.html (11.11.2008)

Stobbe, Heinz-Günther (2006): Die Unmenschlichkeit der Folter. Ein Fragment, Thomas Pröpper gewidmet, in: Beestermöller, Gerhard & Brunkhorst, Hauke (2006): Rückkehr der Folter – Der Rechtsstaat im Zwielicht? München, Beck Verlag, S. 36-44.

Umlauf, Joachim u.a. (Hrsg.) (2008): Der »Deutsche Herbst« und die RAF in Politik, Medien und Kunst. Bielefeld, Transcript Verlag

Internet

http://www.berlinonline.de/berliner-zeitung/archiv/.bin/dump.fcgi/2003/0221/feuilleton/0058/index.html
besucht am 07.07.08

http://www.faz.net/s/Rub77CAECAE94D7431F9EACD163751D4CFD/Doc~E5B11D665836B444E8008A227B951F90D~ATpl~Ecommon~Scontent.html
(oder Suchbegriff „Menschlich verständlich – rechtlich unzulässig" verwenden)
besucht am 10.11.08

http://www.faz.net/s/Rub77CAECAE94D7431F9EACD163751D4CFD/Doc~E5BEDC3E9486349B2B18DAB56D584C1BB~ATpl~Ecommon~Scontent.html
(oder Suchbegriff „Tür zu einem dunklen Raum geöffnet" verwenden)
besucht am 10.11.08

http://de.messages.news.yahoo.com/Nachrichten/Inland/threadview?m=tm&bn=DEN-DE-Familienpolitik&tof=1&rt=2&frt=2&dir=b&ri=52&t=c
besucht am 21.01.09

http://www.welt.de/print-welt/article411081/Zypries_Kein_Ruetteln_am_Folterverbot.html
besucht am 10.11.08

1. http://de.wikipedia.org/wiki/W%C3%BCrde
besucht am 22.10.08
2. http://de.wikipedia.org/wiki/Petra_Schelm
besucht am 10.11.08
3. http://www.spiegel.de/panorama/0,1518,329131,00.html
besucht am 22.11.08
4. http://www.stop-torture.de/strafanzeige-staatsanwalt.html
besucht am 22.11.08
5. http://www.zeit.de/1968/18/Kunst-des-Zitierens
besucht am 04.12.08
6. http://www.hessenrecht.hessen.de/gesetze/31_oeffentliche_sicherheit/310-63-hsog/paragraphen/para52.htm
7. http://www.presseportal.de/meldung/629742/

besucht am 04.12.08
8. http://forum.tagesschau.de/archive/index.php/t-1262.thml
(erster Kommentar; Autor:"Der Professor")
besucht am 04.12.08
9. http://www.uni-kassel.de/fb5/frieden/themen/Menschenrechte/folter-daschner.html
besucht am 10.12.08
10. http://www.zeit.de/2004/51/Essay_Daschner
besucht am 08.11.08
11. http://www.lexexakt.de/glossar/notwehr.php
besucht am 10.12.08
12. http://www.uni-kassel.de/fb5frieden/themen/Menschenrechte/folter-daschner2.thml
besucht am 10.12.08
13. http://www.zeit.de/2007/38/01-Leiter-1
14. http://www.sueddeutsche.de/politik/166/396952/text/
besucht am 10.12.08
15. http://de.wikipedia.org/wiki/Finaler_Rettungsschuss
besucht am 25.01.09

Die Nutzungsproblematik der Seite Wikipedia ist bekannt weshalb diese Quelle nur mit Bedacht genutzt wurde.